本草"廉"心

中共福建省纪律检查委员会
福建省监察委员会　编
福建中医药大学

海峡出版发行集团 THE STRAITS PUBLISHING & DISTRIBUTING GROUP
福建人民出版社 FUJIAN PEOPLE'S PUBLISHING HOUSE

图书在版编目（CIP）数据

本草“廉”心 / 中共福建省纪律检查委员会，福建省监察委员会，福建中医药大学编．--福州：福建人民出版社，2024.7．-- ISBN 978-7-211-09469-1

Ⅰ．D630.9-64

中国国家版本馆 CIP 数据核字第 20242SP455 号

本草“廉”心

BENCAO “LIAN” XIN

编　　者： 中共福建省纪律检查委员会　福建省监察委员会　福建中医药大学
责任编辑： 季奎奎
责任校对： 林乔楠
出版发行： 福建人民出版社　　**电　　话：** 0591-87533169(发行部)
地　　址： 福州市东水路 76 号　　**邮　　编：** 350001
网　　址： http://www.fjpph.com　　**电子邮箱：** fjpph7211@126.com
经　　销： 福建新华发行（集团）有限责任公司
印　　刷： 福州德安彩色印刷有限公司
地　　址： 福州市金山工业区浦上 B 区 42 幢
电　　话： 0591-28059365
开　　本： 890 毫米×1240 毫米　1/32
印　　张： 9.375
字　　数： 140 千字
版　　次： 2024 年 7 月第 1 版
印　　次： 2024 年 7 月第 1 次印刷
书　　号： ISBN 978-7-211-09469-1
定　　价： 30.00 元

本书如有印装质量问题，影响阅读，请直接向承印厂调换。

序

中医药文化博大精深，蕴藏着中华民族数千年的智慧与实践。本草乃中药的别称，古有神农亲尝百草，确定其药效和毒性，正是由于这种勇于实践、不惧风险的探索，遂有今日之瑰宝。本草是治病救人的重要载体，扶正祛邪，不仅要对症下药，同时也要因人因时因地制宜，一如忠言逆耳、良药苦口，但终能祛病起疴。中医倡导“治未病”之理念与监督执纪“四种形态”、“正本清源、固本培元”的廉洁文化内涵高度契合。

岐黄扬正气，本草颂廉洁。《本草“廉”心》由福建省纪委监委、福建中医药大学联合各地市纪委监委共同编写，收集了49味常用中药，依其药性、药理、药效，用崭新的视角探究其廉洁寓意，以药蕴廉倡廉，激浊扬清、植廉于心，打造干事创业的精气神，推动形成风清气正的新局面，是中华优秀传统文化创造性转化、创新性发展的有益尝试。本书用漫画之形现廉洁之意，深入浅出、通俗易懂，既传播本草知识，又传递廉政寓意。比如，黄连性寒味苦，有清热燥湿、泻火解毒之功效，寓意良药苦口，其利于心，不为清苦而贪，清泄世人贪欲之火。又如，黄芪是“补气之王”，通过扶正祛邪，从而达到正气存内，邪不可干。再如，荷花出淤泥而不染，莲子心能清心安神，寓意廉者有廉心，才能形端而影直。还如，茯苓能“保神守中”，有利水渗湿、健脾和胃、宁心安神的功效，寓意坚守初心、谦虚谨慎、无私奉献。《本草“廉”心》娓娓道来，引人入胜，既活化了中医药文化，又开拓了廉洁文化新视角、新领域。

深度挖掘并有效运用中医药文化中的廉洁元素育心育人、铸魂强基，需要更多领导干部和专家学者关心关注。诚望本书能够带给大家一些思考，带动廉洁文化理论工作者和中医药文化爱好者共同参与、共担使命，不断推进新时代廉洁文化建设走深走实。

点滴学习体会，是为序。

福建中医药大学校长、全国名中医李灿东

2024 年 4 月

目录

紫苏

利剑出鞘
散邪解毒

解肌发表，散风寒，行气宽中，消痰利肺，和血，温中，止痛，定喘安胎，解鱼蟹毒，治蛇犬伤。

——《本草纲目》

我是紫苏,《本草纲目》这样介绍我:“苏乃荏类，而味更辛如桂，故《尔雅》谓之桂荏。”桂荏便是我的“江湖名号”。

我当属“辛辣”门派，味辛、性温，拥有解表散寒、行气和胃这些绝技。我“潜伏”在田野、路边，面对风寒感冒，挺身而出，毫不手软，“梗、籽、叶”招招见功夫，利剑出鞘“治未病”、固根本。

我的梗能理气宽中，止痛，安胎，还可防治呕吐。

我的籽可以降气化痰，止咳平喘，润肠通便。

《雷公炮制药性解》记载着我的叶子的“功力”：“发汗散表，温胃和中，除头痛、肢节痛。”可见我激浊扬清、正本清源不在话下。

在秋冬时节用我泡茶，可以祛风散寒，预防秋冬季节常见疾病，为你的健康保驾护航。

供稿：福安市纪委监委、寿宁县纪委监委

防风

抵御外邪

祛风解表

尽治一身之痛，而为风药中之润剂也。治风通用，散湿亦宜。

——《本草蒙筌》

我是防风，一种多年生的草本植物。别看我有羽状复叶，叶片狭长，但真正供以药用的，是我粗壮的根。根正则身正，身正则心定。

防风防风，效如其名。我能够防御邪风，祛风解表，胜湿止痛、止痉，被誉为中药界的“祛风通用药”。

我有许多别名，如铜芸、回云、回草、百枝、百种等。

我常生长于丘陵地带的山坡草丛中，耐寒、耐干旱，即使在各种复杂的环境中，仍能茁壮成长。

不仅如此，作为祛风良药，我可清除人体内的各类风邪病证，使人神清气爽、平心定气。

我还有一门绝活，配伍黄芪，扶正祛邪，匀气脉，提高抗病毒能力。所谓正气存内，则外邪无可伤。

供稿：邵武市纪委监委

白芷

洁白无瑕

廉心自守

主女人漏下赤白，血闭，阴肿，寒热，风头，侵目，泪出，长肌肤、润泽，可作面脂。

——《神农本草经》

我叫白芷，家在林下、溪旁及山谷，是一味祛风散寒的良药。我的小花一簇一簇的，就像一把把撑开的清新小伞，散发着袭人的芬芳。我不害怕烈日，不畏惧风雨。

别看我相貌不扬，根部表面有许多疙瘩，但这无损我高洁、坚贞的内心。我的切面呈白色，纯洁无瑕、清白正直。把我从幼苗培育成一颗成熟的白芷，需要整整一年的时间，一共需要六道工序。我经受各种考验，在历练中逐步成长，终于担当起守护人们健康的重任。

我的作用可不小，能解表散寒，消肿排脓，对风寒感冒、头痛、牙痛、风湿痹痛都有疗效。

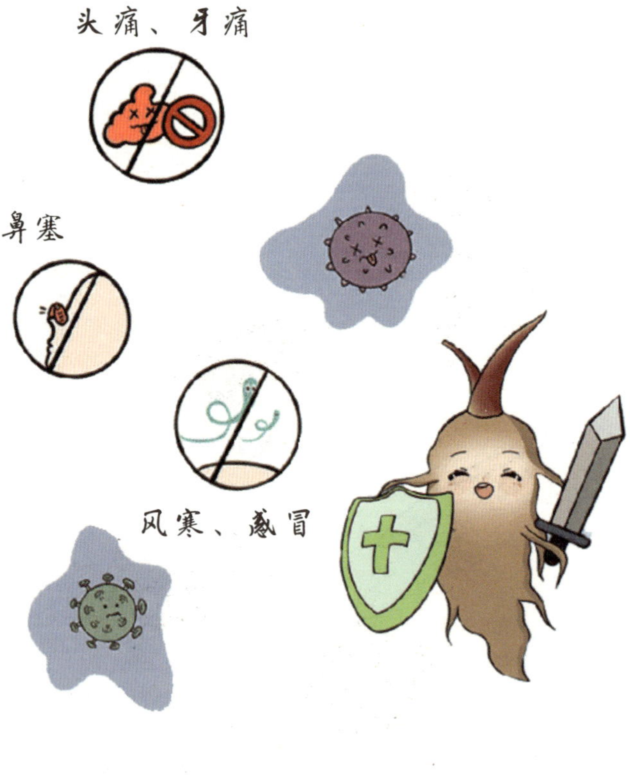

我还是一种古老的美容中药，《神农本草经》里说我“长肌肤、润泽，可作面脂”。

我的个性不张扬，小火慢熬，才能散发出辛香的药性。

扫风邪、集正气都是我的强项。洁白无瑕，廉心自守，历经风雨与磨炼，方能成就生命本色。

供稿：厦门市纪委监委、厦门轨道建设公司纪委、厦门特房建工公司纪委

苍耳子

不染湿邪

正本清源

善发汗，散风湿，上通脑顶，下行足膝，外达皮肤。治头痛目暗，齿痛鼻渊，肢挛痹痛，瘰疬疮疥，遍身搔痒。

——《本草备要》

我是苍耳子，在《诗经》中被称为卷耳。“采采卷耳，不盈顷筐”，意思就是采那繁盛的卷耳，半天不满一小筐。

大家一定见过我的样子。我坚硬且有钩状的刺能够牢牢粘连在动物的毛和人类的衣服、头发上，由此开启一段充满冒险的旅程。

温婉的名字下，是我坚韧的外表。即使被带到荒野、路旁，落在艰苦的环境中，周围充满各种困难险阻，我也可以在贫瘠的土壤中扎根，顽强地生长。

我是菊科苍耳属一年生草本植物，为散风通窍的一味中药。苦能燥湿，温能通络，是祛风胜湿之品，让人不染湿邪，保持一身正气。

虽然名字中带“耳”，但自古以来我却被誉为治“鼻”能手。感冒鼻塞时，用我提炼的药油，能帮助你净化鼻腔的每一个角落，犹如清泉涌流，疏通堵点，让“闻”的机能恢复。

当人们的皮肤遭受瘙痒的困扰时，用我煎制的水洗涤患处，可以抑制细菌滋生，使身心重获清爽，身清则行洁。

我上通脑顶、下行足膝，净心气、防风邪、驱邪气、正清源，让人们回归清爽健康。我以小小身躯造福人间，守得世间清明。

供稿：龙岩市纪委监委、龙岩市新罗区纪委监委

薄荷

清凉醒脑

以清祛浊

主伤风头脑风，通关格，及小儿风涎，为要切之药。

——《本草图经》

我叫薄荷，是清凉君子，也是中药界的小清新。夜息香是我的别名，听起来就有一种安神的力量，能抚人心、平气和。

我性喜阳光，对土壤的要求并不严格。我翠绿喜人，既能点缀自家小院，又能合成薄荷醇，是解郁提振的良药。

《本草纲目》说我“辛能发散，凉能清利，专于消风散热”。以我代茶，入口醇香，浓郁舒心，即便常温饮用，也能激发出我清心、明目的本质，达到“降温”的效果。

炎炎夏日是我最忙碌的时候，融入清凉膏，为你驱赶夏的躁闷；跃入玫瑰花茶，为你疏肝理气；熬入鲫鱼汤，治小儿久咳；还可以点缀你手中的冰饮，予你愉悦心情。多道“凉方”，提神醒脑，可理思绪、遏杂念、清浊气。

酷暑时、喧嚣中，恪守内在的清心更为可贵。花草静默不言，却芬芳了人间。正如做人之要、为官之德，定要心清气正、意淡如云。

供稿：长汀县纪委监委

蝉蜕

明目退翳

出尘高洁

治头风眩晕，皮肤风热，痘疹作痒，破伤风及疔肿毒疮，大人失音，小儿噤风天吊，惊哭夜啼，阴肿。

——《本草纲目》

我叫蝉蜕，是蝉在若虫期羽化后，留下的最外层的皮壳。形似蝉而中空，质地轻而薄，所以我也叫作“蝉衣”。

蝉的幼虫大多数时间都在泥土中度过，但待它蜕变为蝉时，却能不染污垢。它攀于枝头远离浮尘，又只以树汁、露水为食，不食“人间烟火”，常被赋予“高尚、廉洁、淡泊”之特质。

我也叫“蝉衣”哦。

在等待脱皮蜕变的过程中，它深深地知道，只有经历这蜕变，才能拥有更加强大的力量，飞上树梢欢颂夏日，鸣声清亮高远。

而作为蝉的皮，我虽轻薄，却是一味对人体有益的中药，能消退皮肤瘙痒之症。

不仅如此，我还有“明目退翳”之功效，既让人洁净无尘，干干净净、清清爽爽，又清肝明目、清虚识变。

再告诉大家一个冷知识。古人认为蝉目在腋下，因此认为它懂得韬光养晦，便以蝉纹入冠，用以明确身份等级，同时警醒戴者要像蝉一样以高洁自居。

供稿：福建中医药大学纪委、莆田市纪委监委驻市生态环境局纪检监察组

霜桑叶

平肝明目

修身养性

甘所以益血，寒所以凉血，甘寒相会，故下气而益阴，是以能主阴虚寒热及因内热出汗。

——《本草经疏》

我叫霜桑叶，别名冬桑叶，属桑科落叶乔木桑树的叶，始载于《神农本草经》，是一味发散风热的中药。

霜桑叶，顾名思义，就是经霜后采收的桑叶。不同于普通的叶片，我历经冰霜雨雪而不凋，越是天气寒冷越是气全力厚。

我在《本草纲目》中也有"一席之地"："又十月霜后，三分、二分已落时，一分在者，名神仙叶。"所以大家也叫我"神仙叶"。

别看我色黄质脆、皱皱巴巴，在治已病、防未病上，却发挥着重要作用，用药、入茶均可。人们甚至将我与人参相提并论："人参热补，桑叶清补"。

我味甘、苦，性寒，是清热降火的一把好手，既能散风热、润肺燥，又能清肝火、疗目疾。不畏强敌、敢于斗争是我战胜病邪的法宝。

此外，我还有治盗汗的绝技。《丹溪心法》记载："经霜桑叶研末，米饮服，止盗汗。"因能驱邪扶正、固本培元，我也被誉为"收汗之妙品"。

不畏严寒，无惧风霜。无论外部环境多么艰苦，我仍能自生自长，蓬勃向上。物如此，人亦如此。唯有正视霜雪、沐浴霜雪，才能不惧霜雪。

供稿：邵武市纪委监委

菊花

清肝明目

廉洁自持

利血脉，治四肢游风，心烦，胸膈壅闷，并痈毒，头痛；作枕明目，叶亦明目，生熟并可食。

——《日华子本草》

我叫菊花，凌霜而开，修傲霜之风骨；玉质琼香，凝天地之清气。

我自古便是廉洁和清正的象征，所以也被称为草中松柏、花中隐士。

我品类纷繁、花型丰富，不仅拥有“绝世容颜”，更藏着疏散风热、平抑肝阳、清肝明目、清热解毒的“必杀技”。

《神农本草经》里说我“久服利血气，轻身耐老延年”。不过，五颜六色的观赏菊可不能入药哦！

可以入药的我，才貌双全，不仅可以入药、配茶，还能作为点睛之笔，烹制出各种养生佳肴。一杯菊花茶、一盏菊花酒、一碗菊花粥，令人唇齿生香、燥热退散、排浊留清。

我凌霜飘逸，恬然自处，是历代文人骚客笔下的“宠儿”。他们赋予我更丰富的精神内涵，志向忠贞、廉洁自持是我的人文底色。

我姿态万千、花色奇绝，与梅、兰、竹并称为“四君子”，千百年来屡屡入画，或明艳雅致，或冷峻野逸，或气势磅礴，或清高正气，不胜枚举。

虽然千面百变，但我始终坚守本心。经风尘而不染，历秋霜而不败，高洁傲岸、清朗从容、兀自璀璨。

供稿：长汀县纪委监委

野葛

通经活络

升清降浊

散郁火，疗头痛，治温疟往来，疮疹未透，解酒除烦，生津止渴，除胃中热狂。

——《本草正》

我是野葛，味甘、辛，性凉。我虽然貌不惊人，但吸收了大自然之精华，全身都是“宝”。

《本草纲目》说我的根乃“阳明经药”，解肌退热，生津止渴，透疹，升阳止泻，通经活络，解酒毒。发散热毒邪气，剔除浮躁之气，清除体内毒素，才能涵养清风正气。

葛粉是我的块根经水磨而澄取的淀粉。用水冲泡后服用，可解热除烦、生津止渴，除“浊气”，升“清气”。

我的花，形如蝴蝶，累累相缀，可以解酒醒脾，令人神清气爽。

我的叶，浓密且紧凑，将叶洗净捣烂外敷，可以止血，是治病救人的良方。

《葛覃》有云："葛之覃兮，施于中谷，维叶萋萋。"我不仅有药用价值，作为农作物，我也有很大的贡献。我的纤维可织成布，茎可做麻绳、葛屦。我"柔软"却又"坚忍"，不贪、不骄、不躁，一身"正气"。

我生性顽强，一捧泥土，少许水分，不管是平地还是山崖，我都坚定、乐观、向上。

我是野葛，是药物，是食物，亦是农作物。从春天到冬天，从花儿到根部，我默默无闻地贡献着自己的全部，直至粉身碎骨，也要留“清白”在人间。

供稿：龙岩市纪委监委、龙岩市永定区纪委监委、
福建客家文化旅游集团有限公司纪委

天胡荽

清肠止痢

微而不卑

治癞，臭耳，鼻上头风，痘眼去膜，消肿，敷跌打大疮。

——《生草药性备要》

我是天胡荽，也可以叫我步地锦、满天星，生于润土，或发于清水。

我虽矮小，茎细长而匍匐，但不论是河沟，还是路边、高山，只要有水，便会拼命伸展。生于微末而不卑，长于湿腻却不馁，我始终坚守初心。

“白日不到处，青春恰自来。”我四季常青，茎蔓飘垂。那一抹“绿意”，是我人生的底色。

为此人们常把我点缀于山水盆景、花木园林间。我亦受到水族爱好者的青睐。即使常当配角，但我依然坚持做好自己。

我味辛、微苦，性凉，药效最早载于唐代孙思邈的《备急千金要方》："可以疗痔病，一名天胡荽。"《中药大辞典》说我全草可入药，内服外敷均可。

利尿除湿、清肠止痢，我能去芜存菁，可谓防"小病"之微、杜"大病"之渐。

我还擅长清热解毒，是抗病菌、强体魄的行家里手。

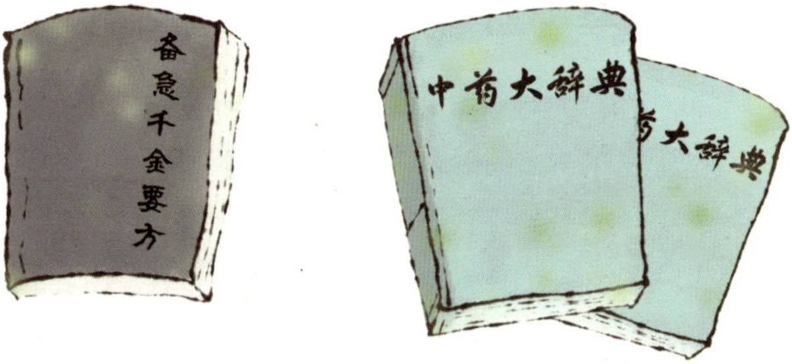

我药食同源，香味独特，能为菜肴增添独特的韵味，炒食、煮汤或凉拌，任君选择。但有小毒，忌食过量。

我一袭绿衣，看似纤弱却能生长于荒野，吸“清”水，种“廉”根。

我长于贫瘠之地，养正“气”，固根“本”，以一抹清凉拂去燥热，清气从之，内守本色。

供稿：长汀县纪委监委

鼠曲草

祛风解表

正身清心

治寒嗽及痰，除肺中寒，大升肺气。

——《药类法象》

我是鼠曲草，叶似鼠耳，叶形弯曲，故名“鼠曲”，始载于《名医别录》，《本草纲目》《本草拾遗》中亦有记载。它们说我，生平冈熟地，高尺余，叶有白毛，黄花。

或许有人不认识我，但提起清明粿，想必就不陌生了，那是一场我与清明的际遇。

清明前后，柳绿风轻，是我恣意生长的季节。长于乱草之中，我谦虚而不卑躬；迎风生长，我虽弱小却学会坚强。药食两用是我的价值所在。哪里需要我，我便往哪里去。

要说我广为人知的妙用，必定是作为野菜入馔，成就清明节的味道了。人们采摘我的嫩苗，捣成糊后和米粉搅拌在一起，和成糕团，裹入馅料后蒸熟食用，软糯可口，清香四溢。因为许多地方都有将我制成清明粿的民俗，故而有人称我为“清明菜”。

我的茎叶可入药，既可内服，亦可外敷。祛风解表是我的一大功效。阻风邪入侵，方能扬凛然正气。清热解毒是我的另一功效，泻火平肝，终得以正身清心。清明时节，草木蔓发，追思赏味勿忘守本心、行正途。

供稿：浦城县纪委监委

决明子

清肝明目

知行知止

主青盲，目淫，肤赤，白膜，眼赤痛，泪出。久服益精光，轻身。

——《神农本草经》

我叫决明子，是豆科类植物钝叶决明或决明的干燥成熟的种子。我状如马蹄，所以人们给我起了个绰号——马蹄决明。

我的诞生可太不容易了，不仅经历了烈日的暴晒，还需要长时间的敲打，历经“九九八十一难”，褪去外壳后现出我的“真身”。这也锻造出我不惧困难、坚守初心的品质。

别看我只是小小的一颗，但我的“功力”十分深厚，润肠、清肝、明目都是我的拿手好戏。把我炒熟泡茶喝，可以润肠通便；用我制成枕头，可平肝潜阳、明目安神，从而达到降压和降胆固醇的作用。

我还能清泄肝胆郁火，帮助人们静下心来，保持清醒头脑，准确判断，更好地同燥热之邪作斗争，去浮躁之气，护身心安宁。

我广为人知的功效是使人的眼睛明亮、目力增强。想当年，白居易患上眼疾就是靠我来治疗的。他甚至还为我写下诗句：“案上谩铺龙树论，盒中虚捻决明丸。”

悄悄擦亮你的眼睛。

应对目赤肿痛、羞明多泪，我能清热明目，帮助大家擦亮眼睛，看清真相、明辨真伪，更好地区别贪和廉，在思想和行动上向廉洁自律看齐，清肝自明目，明目则洁行。“决明”之意是要摒弃浮躁，保持清醒，明辨是非，知行知止，如此方能行稳致远。

供稿：南平市纪委监委、南平市建阳区纪委监委

黄连

良药苦口

守心明性

泻心火，除脾胃中湿热，治烦躁恶心，郁热在中焦，兀兀欲吐，心下痞满，必用药也。

——《药类法象》

“哑巴吃黄连——有苦说不出。”这句歇后语，大家再熟悉不过了，黄连就是我，因根茎呈连珠状而色黄得名。

我喜欢静立于山地凉湿之处、山谷密林之中，任光阴流转，沧海桑田，克己慎独，守心明性。别看我与世无争，其实我的药力极强。猛药去疴，祛除邪热，一直都是我的初心和理想。

我的根茎具有极高的药用价值。《神农本草经》将我列为药中上品，《本草经疏》亦称我为“病酒之仙药，滞下之神草”。

我不但具备治湿滞、解热毒、厚肠胃的高强本领，也能够抵御细菌、病毒等外邪入侵，还能美容养颜、延缓衰老。我还是名副其实的“三高症”克星，从我身体里提取的小檗碱（黄连素）对于降压、降糖、降脂颇有成效。

我入药入膳入茶皆宜，品苦味、思人生，防微杜渐，治病于未发之时。良药苦口利于病，忠言逆耳利于行。修身律己、慎终如始，方能行稳致远、清心守廉。

供稿：诏安县纪委监委

龙胆草

祛湿固本

肝胆清正

除胃中伏热，时气温热，热泄下利，去肠中小虫，益肝胆气，止惊惕。

——《名医别录》

我是龙胆草，为龙胆科植物条龙胆等的根及根茎。《本草图经》中说："龙胆，宿根黄白色，下抽根十余本。"《本草纲目》中说："叶似龙葵，味苦如胆，因以为名。"

我的花在远离喧嚣市镇、空气清洁的世界里积蓄能量，旺盛绽放，显得那么高洁、一尘不染。

独有的蓝色，代表着我坚强不屈的品格。

藏身于高山草甸和灌木丛中的我，喜光耐寒，在湿润的土壤环境里独善自养。

我的成熟期在春秋二季，秋季是最佳的收获时节。去茎叶减负、净身、晒水分、去灰尘，是我成就自身的必经之路。

我苦能燥湿、寒能清热，主入肝、胆经，是治肝胆湿热郁火的第一要药。我以凛冽刚正的性情、侠肝义胆的气质守护初心，久久为功。

我虽味苦、性寒，但服用后，清热泻火却并不伤身。常以我用沸水冲泡后饮用，可镇静安神，从容面对人生；也可抗菌消炎，减少病菌入侵。

诸多中医名著、医书良方都赞颂我的功效：疏肝利胆驱邪气，安脏清毒固本基。而田野间的我默默绽放着生命里最美好的温柔，给这片天地最美的点缀。

供稿：莆田市纪委监委驻市农业农村局纪检监察组

金银花

清热解毒

拒腐防变

善于化毒，故治痈疽、肿毒、疮癣、杨梅、风湿诸毒，诚为要药。毒未成者能散，毒已成者能溃。

——《本草正》

我是金银花，有着“夏季清热第一花”的美名。我本性寒，清热降火是我的拿手绝活，给人们带来清凉的体验，而花蕾是我药用价值之所在。

初开时白，而后变黄，这也是我名字的由来。在山野间默默沉淀的芬芳，是我内外兼修、不慕浮华的体现。

平时人们喜欢拿我泡茶喝，因为我有治未病之功效，能防范病菌于未然，做到未病先防、既病防变。

养颜护肤也是我的强项，滋养肌肤、淡化色斑，防止青春痘和痤疮生成。修其外在、康健其身，表里洁净、拒腐防变。

除了能养生，我也能消炎杀菌，对危害肌体的病菌“零容忍”，坚守底线、敢于斗争、坚贞不屈，干干净净做人、清清白白做事。

供稿：福清市纪委监委、国网福清市供电公司纪委

连翘

消肿散结

清身洁己

连翘之用有三：泻心经客热，一也；去上焦诸热，二也；为疮家圣药，三也。

——《珍珠囊》

你知道吗？人们熟知的“连花清瘟”中的连花，可不是池塘里的“莲花”，“连”其实指的是我，连翘。

“微寒二月早出落，千步连翘不染尘”，在天地还是一片沉寂之时，我就在此等候了。我不畏凛冽严寒，只为稍早片刻将春的消息带到人间。待到我的花儿金黄压满枝，春天就轰轰烈烈地来了。

我的果实是一味良药，不仅能清热解毒，还有消肿散结的功效，将邪毒排出体外，让正气畅通全身，清身洁己、守正不阿。

除了是治病良药，我还有“天然防腐剂”之称，能有效抑制腐败，延长食品的保质期。清内心之欲，祛贪欲之毒，拒腐防腐守底线，永葆本色秉初心。

人们熟知我，多因我的药用价值。没想到吧，我的叶子还能制成茶叶，具有明目防病的作用，被誉为“长寿茶”。内祛热气、外养容颜，我是绝佳的康养茗品。

花能欣赏、果能入药、叶可制茶，我身上的每一处都是宝。我用自己的生长经历，证明了最朴实的道理：耐得住严寒，方能粲然绽放于枝头；守得住底线，方能克己拒腐葆清正。

供稿：漳州市龙文区纪委监委

板蓝根

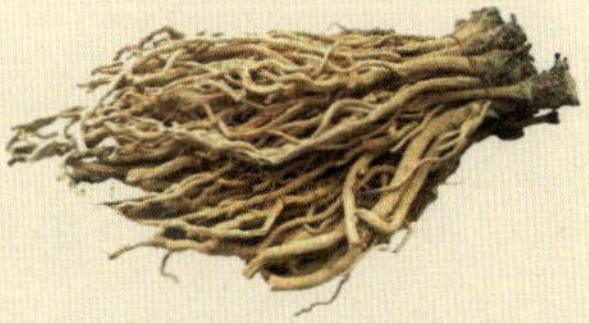

固本清源

廉志不渝

能入肝胃血分，不过清热、解毒、辟疫、杀虫四者而已。但叶主散，根主降，此又同中之异耳。

——《本草便读》

我是板蓝根，虽然我的外表并不出众，但请不要以貌取人，我是一味能凉血解毒、抗菌消炎的良药。

我的根部厚实而充满力量，默默地在山丘、田野中生长。我的根上长满了细密的根须，它们细长而坚韧，见证了我的成长，刚健勇毅，隐忍正直。

对了，我有一个“绝招”。我自带“自动识别系统”，可以察其所痛、以知其应，当补则补、当泻则泻，入心入肝、抗炎消肿。

瘟病初起，面对细菌的“围猎”，我能清热邪、泻火毒，促进机体代谢、肃清流毒，维持身体的动态平衡。就如两实相逢，邪不可侵；正气存内，邪不可干。

为人处世之道亦是如此，要保持心态平和，不慕虚荣，坚守初心；戒骄戒躁，正本清源。唯有持之以恒地自我净化，方能构筑一副不染尘埃的清正之躯。唯有以信念与勇气之光照亮前行之路，才能永葆其辉。

供稿：厦门市纪委监委、厦门市海沧区纪委监委、
厦门特区建设投资集团纪委

蒲公英

解毒消痈

洁清自矢

治一切疔疮、痈疡、红肿热毒诸证，可服可敷，颇有应验，而治乳痈乳疖，红肿坚块，尤为捷效。

——《本草正义》

我叫蒲公英，头顶的那团小白绒，藏着我飞翔的秘密，乘风而行、风息而止。我的种子很轻，但有着巨大的能量，即使落到了土壤并不肥沃的地方，也能全力以赴地扎根、发芽、开花。

在田间地头，我是不起眼的“灰姑娘”。没有鲜艳的颜色和浓郁的香气，却拥有清热解毒、消肿散结、利尿通淋的“魔法”，因此我享有“药草皇后”“天然抗生素”的美名。

我药食兼宜，不论生吃、炒食、入汤，还是凉拌，样样拿手。醋渍花蕾，味略苦，但清香、爽口，别有风味，清除自由基、抗病菌的同时，更能增强免疫力，让人元气满满。

我还是爱美人士的“红颜知己”。我富含维生素、多酚和黄酮等抗氧化物质，能祛斑美白，清透皮肤，从内而外去污除杂，洁清自矢。

"献身喜作医人药，无意芳名遍万家。"我胸怀大地，将"无私奉献"置于身前，坚守初心，让"爱民之籽"生根开花，"宁可清贫，不作浊富"。

供稿：长汀县纪委监委

鱼腥草

清热解毒

守正不阿

治肺痈咳嗽带脓血，痰有腥臭，大肠热毒，疗痔疮。

——《滇南本草》

我是鱼腥草，又名蕺菜，因叶子有浓郁的鱼腥味而得名。我生命力顽强，既能适应江南水乡，也不惧西南贫瘠土地，不需播种，不用耕耘，只需要一些泥土就能自生自长，蓬勃向上。沟边、路旁，山野里、庭院内，都有我的身影。

无论身处哪个角落，我总能开出纯白无瑕的花朵。因为我始终坚守淡泊明志、宁静致远、清白做人的原则。

除了鱼腥草，我还有一个更为大众熟知的名字。没错！就是“你之砒霜，他之蜜糖”的折耳根。千百年来我一直扮演着药食两用的角色，人们对我褒贬不一，有人视我为“美味珍馐”，有人对我“避之不及”，但我始终坚守自我，不以物喜，不以己悲，泰然处之。

别看我相貌不扬，我可有着“天然抗生素”的美誉，既可内服又可外用，既可阴干用又可鲜用，药性通达人体的上中下三焦，是消炎杀菌、消肿疗疮的一把好手。不畏强敌、敢于斗争是我的制胜之道，病菌见到我，通通绕道走。

人们常用我泡茶和制作美食，提高机体免疫力。在养生保健、防病治病上，我发挥着重要作用。同时我也是一味清热解毒的良药，最善治肺痈、咽肿、热咳、热淋，兼表邪者尤佳，直击痛处，消除病灶，排浊清热，驱邪扶正。做人亦当如此，常清内心之欲，常祛贪欲之毒，居心清正，正道直行。

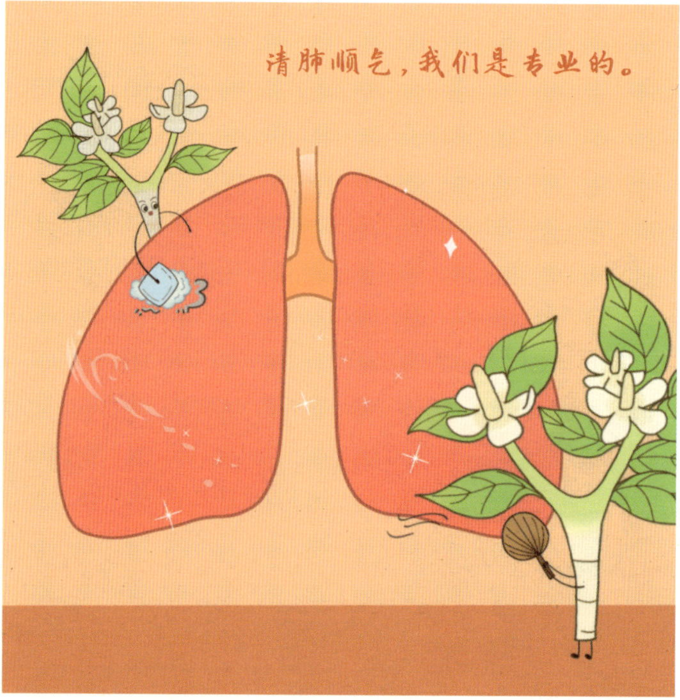

供稿：龙岩市纪委监委、武平县纪委监委

马齿苋

祛湿止痢

凉血解毒

主诸肿瘘疣目，捣揩之；饮汁主反胃，诸淋，金疮血流，破血癖症癖，小儿尤良。

——《新修本草》

我是马齿苋，因叶如马齿，性滑似苋，故得此名。别看我相貌不扬，我可是“多巴胺穿搭”的忠实爱好者。茎红、叶绿、花黄、籽黑、根白，五色对五行，所以我也叫“五行草”。

“不与群芳争艳丽，甘同百草共炎凉。”我有着顽强的生命力，不论是田间还是路边，每一个角落都有我的身影。只要下定决心扎根，即使靠着微薄的养分和水源，也能生生不息、蓬勃向上。无论环境怎样恶劣，我都能不受歪邪之风的侵蚀，严于律己，坚守底线。

别看我名气不大，自被人们发现以来，我就一直在治病救人的道路上扮演着重要角色。清热解毒、祛湿消肿可是我的拿手好戏。排出热毒湿邪，剔除浮躁之气，清除不正之风，遏制杂念、坚守初心、祛邪扶正，让"清廉"之气畅通无阻。

当然，消炎抗菌我也不在话下，病毒细菌见了我，都要绕道走。我还是资深的“美容顾问”，修复受损屏障，清除痘痘痤疮，让人们由里到外都洁白映清风。我也是再好不过的养生佳品，明目降脂，口感醇厚，鲜食、干食均可。

除了对人类的健康有好处，我还有杀虫的作用。我体内有丰富的花青素，可以保护自己不受昆虫侵袭。坚贞内省，保清正廉洁之心，扼杀污秽贪念，只留清白在心中。

供稿：漳州市龙文区纪委监委

慈姑

消肿散结

耐得清苦

主百毒，产后血闷，攻心欲死，产难衣不出。

——《新修本草》

我是慈姑，是一种水生植物。我的叶似燕尾、似剪刀，看似锋利却不伤手，这是我的"慈"心所在；又因为叶形似剪刀，寓意手巧，旧时女子的发饰、耳饰常做成慈姑叶形。

虽然生于淤泥之中，我的花却洁白如雪，这是我品性高洁的写照。我抗病力强，不惧病害侵蚀，仍能顽强生长。

《本草纲目》《农政全书》均说我一根岁生十二子，如慈姑之乳诸子。宋元明清时流行一束莲纹，也就是一束缎带扎起来的莲花、莲叶、莲蓬、慈姑、红蓼、香蒲等水生植物，寓意连生贵子、多子多福。

我能消肿散结，治恶疮瘰疬、毒蛇咬伤。《东医宝鉴》里说将我捣敷肿毒痈上即消，水煎服亦效。我直面腐败不退缩，畅通浊清有奇效。

人们喜我鲜嫩的口感。古诗记曰："掘得茈菇炊正熟"。我适合长期贮存，是富含淀粉的充饥代粮，故有"救荒本草"的美称。以食用救荒，是我的另一种奉献。

我是餐桌上的中药，虽含有多种微量元素，但苦涩之味时常让人望而却步，殊不知我是先苦而后甘。吃苦在前，享受在后，亦是人生别样滋味。

供稿：龙岩市纪委监委、连城县纪委监委、
莲峰镇纪委监察组

金线莲

清热保肝

扶正祛邪

有凉血平肝、清热解毒的功能。用于肺痨咳血、糖尿病、肾炎、膀胱炎、小儿惊风、毒蛇咬伤。

——《新华本草纲要》

我叫金线莲，得名于叶脉上金黄色的美丽条纹，又名金线兰、金石松。

我生于溪涧岩石林下，长于阴湿山谷草地，和风共舞、与雨同歌。

北有冬虫草，南有金线莲，“药王”“金草”是我素有之美誉。

因野生数量稀少，我还被列为国家二级保护植物。大家日常看到的我，主要来自人工栽培。

我全草均可入药，虽“声名大热”，但清热解毒才是我的本性。

据《新华本草纲要》记载，我有平肝之功效。因此我还是保肝的“金钥匙”。降酶保肝、抑制失症，是以清“莲”之性，顺“肝”正之气。

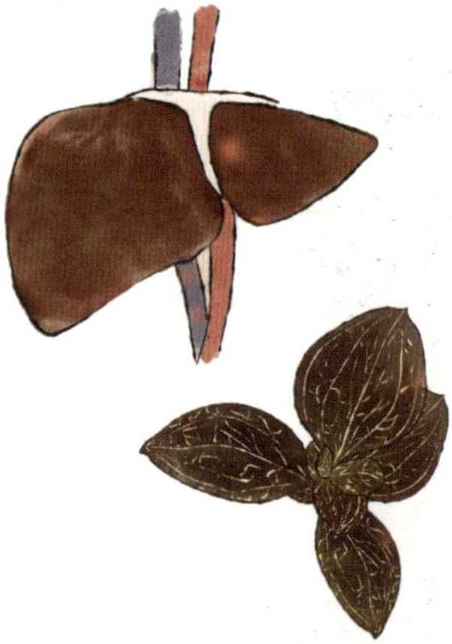

“安身之本，必资于食。”将我用清水洗净后，可生吃，可凉拌，味虽微苦，但口感脆爽；可炖汤，慢火熬制，煲出精华；可煮茶，暖意升腾，沉淀心绪。扶正固本，调和气血，食养身，也润心。

"莫轻小草沿幽僻，也有凌霜傲雪姿。"我愿一直吟唱治病救人的咏叹调，永葆无私奉献的清风峻节。

不为己利、不弃微末、不舍寸功，为天下式，常德不忒，风骨凛然，坚守清廉。

供稿：长汀县纪委监委

马鞭草

清凉散瘀

匡扶正义

通月经，治妇人血气肚胀，月候不匀。

——《日华子本草》

我叫马鞭草，是多年生草本植物，因头顶穗状花、形似马鞭而得名。

我的茎干直立，柔韧挺拔，如同一支支坚定的"铁马鞭"，被赋予纯洁与和平、忠诚与信任的寓意。

我不忮不求，随遇而安。河岸、荒地、路边、草坡，随处可见我的身影。

我用途广泛，藏巧于拙，可药用、食用、绿化、制香，更有花语：同心协力、伸张正义。

我扎根大地，根系庞杂，善于吸收土壤养分，以满足生长所需。我的叶片呈羽状，边缘为粗锯齿形，且有明显皱缩，勾勒出岁月磨砺的坚忍。

将我采摘后进行风干，芬芳的气息逐渐浓郁，放入茶壶中冲泡小饮，清香顿生，回味悠长，能够缓解皮肤病症，提高免疫力。

“马鞭成草知人意，治病驱魔是吉星。”我具有广泛的药用价值，入药已近两千年。

《本草拾遗》说我可治各种疾病，清热活血、散瘀消肿显功效，止痒驱虫、排毒祛疮样样能。

我可用于烹饪，与其他食材同锅慢炖，尽可释放精华。我亦可制造香水，散发清爽、宜人的芳香。

我还是天气“预报员”，看我的根茎的湿度，便可知晴雨。

平凡，但不平庸；无声，但不无为。志尚夷简，澹于荣利；跃马扬鞭，驰骋万里。

供稿：福清市纪委监委、国网福清市供电公司纪委

灯笼草

清热除烦

守净之道

行气，消胀，利尿。治腹胀，睾丸炎，疝气。

——《陆川本草》

我是灯笼草，始载于《新修本草》，状若灯笼而得名，中含赤子如珠。

不过大家还喜欢这样称呼我：以果实之味名为酸浆，以幼苗之味名为苦蘵，以果实之形名为红菇娘、洛神珠。

耐旱、抗寒是我的生长特性。我适应能力强，有着坚忍顽强的生命力。

我味微甘，性微寒，根、茎、花、叶皆可入药，具有清热消肿、解毒利咽之功效。

我可除燥热、去污浊。李时珍说："酸浆利湿除热。除热故清肺治咳，利湿故能化痰治疸。一人病虚乏咳嗽有痰，愚以此加入汤中用之，有效。"我一招制敌，降贪欲之火，守干净之道。

《本草纲目》说我"捣汁服，治黄病，多效"。我使出全身力气，为有需要的人去黄留白，显现本色。

我还有"一技之长"。《本草纲目拾遗》夸我："惟咽喉是其专治，用之功最捷"。

我富含多种氨基酸、微量元素，被誉为“营养宝库”，可抗氧化，延缓衰老；可滋养心血管，许你透亮清白见真心。

我还可烹制出许多美食，红菇娘果酱、香炒灯笼草、糖渍红菇娘，酸甜可口，咂嘴舔舌间使人清热解毒、去浊存清。

我虽不及牡丹富贵，也无玫瑰娇艳，但崇尚自然，不矫揉造作，在山间一角、山谷幽静处静静地装点大自然。

天地灵气汇聚草本，正本清源、激浊扬清，吾辈肩负重任。我愿坚守根本，却病延年，无愧于心，伴君一路安康。

供稿：龙岩市纪委监委、长汀县纪委监委

青蒿

解暑截疟

深藏功名

专解骨蒸劳热，尤能泻暑热之火，愈风瘙痒，止虚烦盗汗，开胃，安心痛，明目辟邪，养脾气，此药最佳。

——《本草新编》

我叫青蒿，又名“香蒿”，为菊科植物，始载于《神农本草经》，是一味清热药物。

我味苦性寒，辛香透散，清透并具，既清暑热，又泄肝胆热。

我以清为主，虚实两清，既解表热，也清虚热。大家都说我是“土里长出来的抗生素”。

我朴实无华，山间田野处处可见，采撷晒干便可入药，配伍其他中药更有效。从《五十二病方》起，我就被众多药方采用。在《本草纲目》里，二十多种药方中有我的身影。

我可为蔬菜。《诗经》中说："呦呦鹿鸣，食野之蒿。"鲜蒿清蒸口感鲜嫩，变身蒿团软糯清香。苏东坡有诗曰："青蒿黄韭试春盘""碎点青蒿凉饼滑"。古人把我作为春天的绿色野蔬，馈送品尝寄高情。

我喜好阳光，常常长于温暖湿润的地方。但我不喜积水，保持土壤干净可以防范根腐病；不求荫蔽，坚持成长环境清爽无杂草。

古人常将我与挺拔的松树并提，杨时说“青蒿与长松，各挺岁寒节”，赞美我坚忍顽强，不畏严寒守初心。身为小草，我不慕名利，愿以纤纤之躯治顽疾，但求人间长安宁。

供稿：福清市纪委监委、国网福清市供电公司纪委

藿香

芳香化湿

正本清源

其气芳香，善行胃气，以此调中，治呕吐霍乱，以此快气，除秽恶痞闷。

——《药品化义》

我是藿香，是中药界的“芳香君子”。《本草纲目》形象地描述我：“芳香，豆叶曰藿，其叶似之。”我因此而得名。

我喜欢阳光，性格温和。芳香化湿是我的看家本领。我常化身为藿香正气散，是炎炎夏日里的解暑良方，及时解表化湿，抵御外邪入侵。

我的叶子富含多种维生素和芳香挥发油，面对外邪入侵，能够拿出杀菌防腐绝技：增强视力，缓解疲劳；祛除口臭，预防疾疫；提高免疫力，拒腐防变。

我的香味能驱邪辟秽，苍术、艾叶是我的好搭档，帮助我熏解秽气。将我制成香囊，佩戴于胸前或悬挂在室内，还可以驱散蚊虫、净化空气。

我不仅可以入药，我的嫩茎叶还能烹制藿香鲫鱼、藿香粥、藿香酱等美食，芳香开胃，调理气机。

藿香芬芳，独有一缕幽香，面对纷扰的尘世，以杀菌防腐的强大力量，守住廉心正气，让清气溢满人间。

供稿：福州市长乐区纪委监委

佩兰

祛暑化湿
持正守廉

能解郁散结，杀蛊毒，除陈腐，濯垢腻，辟邪气。

——《本草便读》

我是佩兰，人们常称赞我是“香草美人”。我在草中也算是“高个子”，株高最高可达1米，茎秆直立，分支极少。我坚信，秉持浩然正气、坚强骨气，方能正己化人。

我又叫兰泽、香草、兰草，是芳香类的本草。虽生于沼泽湿地，但我洁身自好，不受污秽所染，能以辛香之气，祛邪气、除恶气。

我是化湿理气的"小能手"。面对体内湿邪阻滞，我能散积久陈郁之气，肃清肠胃积滞，正视内在的问题，直击"病根"，消除"病灶"。

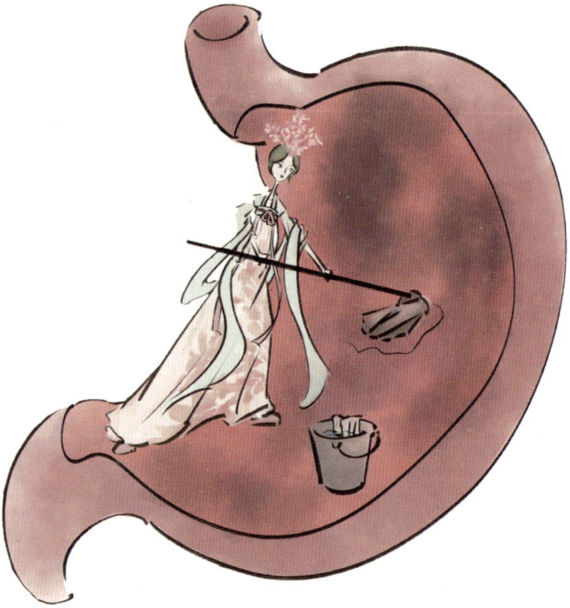

我不仅有颜值，还有实力。我味辛能散滞，醒脾开胃。在炎炎夏日，来一杯我的特调饮品，还可以发表解暑，保持内心平静，不骄不躁。

古时候，人们喜欢佩戴用我做的香囊，还喜欢用我来煎水沐浴，以保持周身干净。芳香辟秽，护卫健康，筑牢“屏障”，抵御歪风邪气入侵。

供稿：晋江市纪委监委、福建中医药大学纪委

厚朴

消除胀满

知行合一

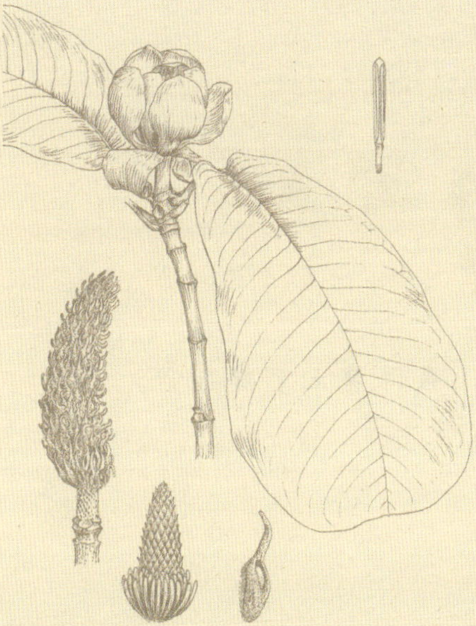

治胃气上逆，恶心呕哕，胃气郁结胀满疼痛，为温中下气之要药。

——《医学衷中参西录》

我是厚朴，是一味芳香化湿的中药。别看我长得有点黑，可我全身都是宝，树皮、花蕾、果都可入药。

我性温，味辛、苦，可以燥湿、行气、消积、平喘，是消除胀满的良药。

我生于凉爽湿润、土层深厚的肥沃之地，但是我并不安于享乐。我始终心向阳光、笔直而上，充满正能量。

入药时以树皮为主，需经剥皮、水煮、发汗、蒸软、晾晒、火焙等工序，过程艰辛且漫长。艰难方显勇毅，磨砺始得玉成，唯有历经磨炼，方能发挥最佳效力。

我能够破除戾气、降逆平喘。面对腐毒侵蚀，时刻保持定力、明辨是非，“心”“行”合一，不当“两面人”，人生才能开出洁白美丽的花。

供稿：南靖县纪委监委

茯苓

保神守中

坚守初心

能利窍去湿，利窍则开心益智，导浊生津；去湿则逐水燥脾，补中健胃；祛惊痫，厚肠藏，治痰之本，助药之降。

——《本草正》

我叫茯苓，无苗、无叶、无花、无实。千百年来，我与松树紧紧抱团，也修成了不改根本、廉洁守心的品格。

褐色的外套裹着胖乎乎的身体，我相貌不扬，但是本领很强，有利湿、健脾、安神，提高免疫力的功效。《神农本草经》说我“久服安魂魄，养神，不饥，延年”。《名医别录》也说我“益气力，保神守中”。

我低调、朴实、有内涵，全身都是宝。褐色的“茯苓皮”、淡红色的“赤茯苓”、奶白色的“白茯苓”、松根穿过的“茯神”，不同部位发挥着不同的功效，为人们的健康保驾护航。我也因此被称为“四时神药”，有“一两茯苓一两金”的美誉。

我既是药材，也是食材。口味甘淡的我药味并不重，所以常常被制成各种养生美食，入茶饮、做糕点、煮高汤……

作为全能型选手，我可咸可甜、无所不能，心烦意乱时吃一块软糯的茯苓饼，脾胃虚弱时喝一碗香甜的茯苓粥，品美味，强身体，护清心。

面对歪风邪气，我以一身正气直击病根、祛除病灶，固本培元，提高免疫力，保持本心，杜绝浮躁，守护安宁。

供稿：福州市长乐区纪委监委

灯心草

利水除烦

宁静致远

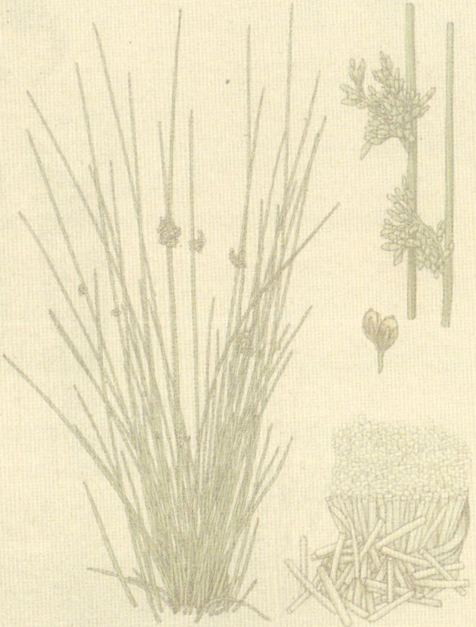

其质轻通，其性寒，味甘淡，故能通利小肠热气，下行从小便出，小肠为心之腑，故亦除心经热也。

——《本草经疏》

我是灯心草，别名秧草、水灯心、野席草，性微寒，味甘、淡。我喜欢湿润的环境，常生长在水边或沼泽地带，生命力非常顽强。

我的植株圆细而长直，十分坚韧，同时茎髓洁白无瑕，不沾染一丝污垢。修心正身，才能傲然屹立。

别看我平平无奇，我的茎髓具有很高的药用价值。《本草纲目》认为我有降心火、止血通气、散肿止渴等作用。

每到秋天，人们取出我的茎髓，晒干以后扎成小把，煎服或者炖汤，可以清心火，又可利尿泄热，用于心烦失眠，尿少涩痛。

我还可以用来填充枕头，不仅闻着有淡淡的清香，而且松软透气，有助于安然入眠。

在古代，我可是人们的生活必需品。光滑的草茎，可以制成草席、草鞋等。

人们还发现，我的茎髓具有很强的吸附性，可捻成灯心用于照明。在漫漫历史长河中，我蜷曲在一汪清油里，燃烧自己的生命，照亮人类文明发展之路，所以我被赞为无私奉献的“燃灯者”。

即使在现代，我也有很广泛的用途。由于身上有浓郁的柠檬香气，我是制作香皂、香薰、香水等产品的重要原料，还可以用于制作纸张、工艺品。

身穿坚韧衣，内藏绵柔心，祛除心中“燥火”，涵养浩然正气和清廉底气，方可“心不动于微利之诱，目不眩于五色之惑”。

供稿：漳州市芗城区纪委监委、寿宁县纪委监委

陈皮

健脾除湿

清风润心

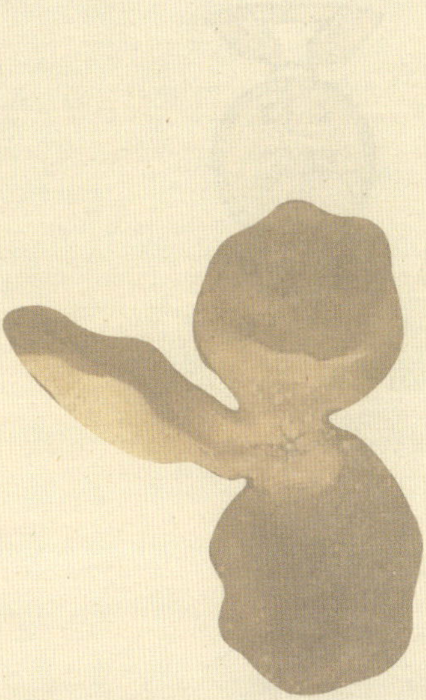

能散能泻，能温能补，能消膈气，化痰涎，和脾止嗽，通五淋。

——《日用本草》

我叫陈皮，味苦、辛，性温。别看我干瘪皱缩、相貌平平，“一两陈皮一两金”“百年陈皮，千年人参”，都是人们赋予我的美誉。

行气健脾、降逆止呕，健脾开胃、燥湿化痰都是我的强项。我帮助人们打通郁结，清除心中杂念，永葆清纯本色。

从稚嫩到“陈”熟是去芜存菁的过程，在“烤”验中成长，等待时间慢慢陈化，我从无人问津的鲜橘皮，摇身一变，成了上好的中药。

虽然我不是最强输出，却是个金牌辅助，人们夸我是百搭辅药。因为我擅长放大其他中药的药性，和他们通力协作，铲除病证。

我身怀绝技，入药可调方，入膳可调味，入茶可调韵，可谓药食茶同源，已成为养生"新宠"。隐忍坚守是处世的大智慧。经得起枯燥，耐得住寂寞，终会焕发出芬芳的气息。

供稿：漳州市纪委监委驻市公安局纪检监察组

枳实

破除邪积

通畅痰气

专泄胃实，开导坚结，故主中脘以治血分，疗脐腹间实满，消痰癖，祛停水，逐宿食，破结胸，通便闭，非此不能也。

——《药品化义》

我叫枳实，味苦、酸，性寒，为芸香科植物酸橙或甜橙的干燥幼果，是一味破气除痞、消积导滞的中药。别看我个头小，是个“愣头青”，其实我本领高强，有长肌肉、利五脏、益气轻身的功效。

我的果实和果壳的气味、功用大致相同。果实虽个头小，但性烈，功效较快。果壳个头大，却性缓，功效稍迟。

“橘生淮南则为橘，生于淮北则为枳。”这句耳熟能详的话中的“枳”就是我。虽然我无法像柑橘那样给大家带来“甜头”，但是我在“苦涩”中另辟蹊径，锤炼出行气除胀、通力关节、抑制血栓等特性，全力守护人们的健康。

我擅长开导坚结，打破瘀堵。面对疾病的百般阻拦，不畏强敌、敢于斗争是我的制胜之道。我有很强的破气作用，可以破除气郁、气滞、气结等，邪气清则正气存。

我可以消积化滞。如果你的肚子胀得厉害，身体疲倦，肠道不通，不妨找我，我能帮助你及时清除秽物。轻装上阵，心无旁骛，才能从容前进，收获幸福。

我还能消除痰饮，改善肥胖体质。医圣张仲景的减肥古方枳术丸，就是以我和白术炼制而成的。如果你也想体验一把“热辣滚烫”的感觉，可以寻求我的帮助。

我喜温暖，耐荫性极强，即便是在光照不足的环境下，依然积极乐观，努力生长。因树干多刺，人们常把我的植株作为树篱，用来防范宵小。只有与行为不端、心术不正的小人保持距离，人生正道才能越走越远。

供稿：南靖县纪委监委

艾蒿

散寒温经

一身正气

能通十二经，而尤为肝脾肾之药，善于温中、逐冷、除湿，行血中之气，气中之滞，凡妇人血气寒滞者，最宜用之。

——《本草正》

我是艾蒿，别名艾草、灸草、家艾，全草皆可入药，性温，味辛、苦，有小毒，有温经止血、散寒止痛、外用祛湿止痒等功效，因此我也被称为"医草"。我既可内服也可外用。温热的个性使我成为中药界的"明星"，被誉为"百草之王"。

《本草纲目》说我能“灸百病”。我燃烧生命之火，疏经通络，祛病解疾。人们常常称颂我无私奉献的品格。

《荆楚岁时记》中记载："采艾以为人，悬门户上，以禳毒气。"因为我香气强烈，有防病避疫的功效，人们将我悬挂在门口以祈求健康，同时也有驱邪扶正的寓意。

如果将我的嫩叶研磨成汁，再加入石灰蒸烂，漂去石灰水，然后和粉作团，即可做成色如碧玉的青团，没有了清苦和青涩，独留唇齿之间的是草木清香之气。

我还有极强的适应能力，在田间地头、山坡沟畔，你都能看到我的身影。无论环境多么恶劣，只要有阳光，我都积极乐观，向上生长。

我以纯阳之性，祛“湿气”、散“寒气”、驱“邪气”，用一身正气压倒歪风邪气，让清气洒满人间。

供稿：福州市长乐区纪委监委、国网福州市长乐区供电公司纪委

川芎

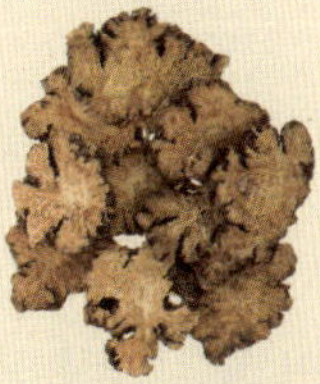

活血止痛

砥节砺行

血中气药也。肝苦急以辛补之，故血虚者宜之；辛以散之，故气郁者宜之。

——《本草纲目》

“活血行气话芎穹，辛温祛风止疼痛。”我是川芎，生长于温和湿润的环境中，有活血行气、祛风止痛的功效，《本草纲目》说我是“血中气药也”。

我的伯乐是药王孙思邈。当年他云游至青城山，偶见一只病鹤服用我后，不日便康复，于是吟道：“仙鹤过往处，良药降苍穹。”我的名字由此而来。

多年来我刻苦研习功法，丸、散、膏、丹，皆是我的拿手好戏。不论是跌打损伤所致的血瘀肿痛，还是“邪风”引发的头痛之症，驱散外邪，拒腐防变，有我在，痛消快！

一个篱笆三个桩，一个好汉三个帮。闯荡江湖，两个兄弟常伴我左右。大哥柴胡，精通疏肝解郁；小弟香附，善于调经止痛。三人联手，功力大增，疏肝活血治气滞，提振精神郁结开。

我的味道苦中带辛，稍有麻舌感，微微有回甘，这一特性使我兼具药用和食用价值。黄芪川芎粥、四物炖乌鸡……我的加入既能助人养生，还可提升食物的香气与口感。

我的根茎坚实，不易折断，炙烤后会散发出浓郁的香气。面对磨难，我从不低头，因为我坚信腹有芳香气自华，在苦难中亦能绽放生命的芳香。

供稿：福州市长乐区纪委监委、国网福州市长乐区供电公司纪委

姜黄

畅通血脉

激浊扬清

主心腹结积，疰忤，下气，破血，除风热，消痈肿，功力烈于郁金。

——《新修本草》

我叫姜黄，是植物姜黄的干燥根茎。我是一味活血化瘀的中药。《本草纲目》中的宝鼎香就是我，以鼎香喻我气香特异，用宝鼎显我高贵典雅。我始载于《新修本草》，富含营养成分“姜黄素”，被誉为“姜中之皇”“固体黄金”。

大名鼎鼎的咖喱就是以我为主香料，而我却甘于平凡。深藏功名鲜为人知，最是本色显初心。

我和生姜有所不同，有比生姜颜色更深的外衣，有比生姜更为规则的身躯。我入药、调味、着色事事在行，口服、冲服、入菜样样均可。

我擅长活血行气、通滞化瘀，始终通达自如不气馁，冲破桎梏不固守。我能辛散行滞、畅通血脉，犹如流水畅行不惧阻，荡涤污浊不染尘，激浊扬清正本源。

我是“守护者”，守护肝、心血管的健康；也是“康复师”，缓解炎症引发的关节痛；还是“清洁工”，排毒祛湿、清洁肝脏。纵使身份变化，也不改笃行担当。

我生性向阳，能借自然上升的阳气和自带的超强自愈力，防腐变，保持肌体健康。我根茎厚实，能凭内在基底稳中求进，保持向上，永不停歇。

供稿：连城县纪委监委

竹茹

宁神清心

淡泊自守

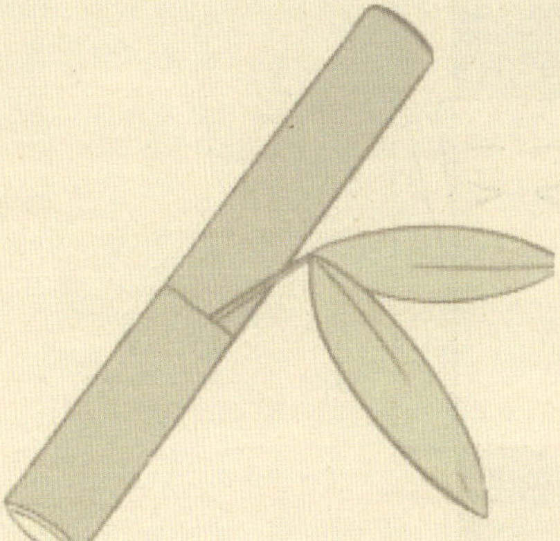

专清胃府之热，为虚烦烦渴、胃虚呕逆之要药。咳逆唾血，产后虚烦，无不宜之。

——《本经逢原》

我是竹茹。别觉得我陌生，其实我就是竹子的第二层皮啦！虽然我看起来不起眼，但是我微寒、味甘，可以清热化痰、除烦止呕哦！

我生性气寒，清热邪、缓火炎是我的看家本领。心火旺盛、痰火扰心，包在我身上！清清热、降降火，瞬间和火气说再见。

泻心火、除虚烦、助睡眠，安心除烦是我的专长。

吾心安处是吾乡，有我之处睡得香。

人们先从我青秆竹兄弟身上，均匀地刮去外层的竹青，第二层刮下的竹丝就是我了，丝细薄、质软、富有弹性。我就是这么来的，没想到吧！

为了药效更好更快更强，我经常跟生姜、麦麸、朱砂联手。慢火炮制、烈日晾晒，我们权当修行。药效事半功倍，团结就是力量。

清风竹韵聚气凝神，刚柔并济不改本心是我们竹茹家族的家风。宁神清心，方能淡泊自守。

供稿：漳州市长泰区纪委监委、福建中医药大学纪委

川贝母

润肺消痰
洁清不涔

善解肝脏郁愁，亦散心中逆气，祛肺痿肺痈、痰脓喘嗽。

——《本草正》

我是川贝母。陶弘景在《本草经集注》中记载："今出近道，形似聚贝子，故名贝母。"我最早载于《神农本草经》，至今已有两千多年的药用历史。

我味苦、甘，性微寒，有清热化痰、润肺止咳、散结消痈之功，是质优效佳的中医临床润肺化痰止咳药。

我小小的体内蕴藏着大大的能量。我富含多种生物活性成分，是抗炎和抗菌的实力派。

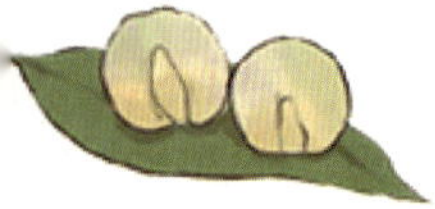

我喜欢凉爽温和的气候，虽在腐殖砂质壤土中栽培，但褪去泥壳后，质地坚实，色泽洁白，如莲花般出淤泥而不染。

我可是一味家喻户晓的中药，蛇胆川贝露、川贝枇杷露等中成药制剂中皆有我，川贝炖雪梨、川贝肉汤等药膳深得百姓喜爱。

我既能清肺润燥，又能止咳平喘。吐故纳新，方能笃行致远；苦尽甘来，故而一路向阳。

供稿：福清市纪委监委、国网福清市供电公司纪委

灵芝

扶正固本

廉心永存

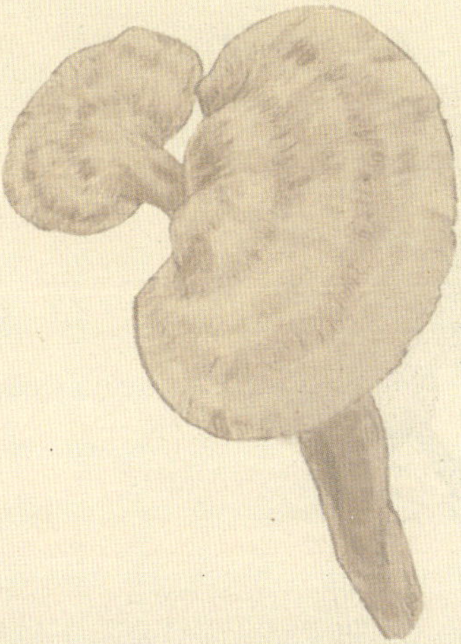

主耳聋，利关节，保神，益精气，坚筋骨，好颜色。久服轻身不老，延年神仙。

——《新修本草》

我是灵芝，是一味可以补气安神、扶正固本的中药。我生性温和、不寒不燥，可以助心充脉、宁心安神，是内服外用、增强免疫力的不二之选。

我生于深林，大家又叫我“林中灵”。我自古便有“长生不老草”的美誉。气候湿润、光照充足、空气新鲜是我成长的必要条件，向阳向新向上始终是我的坚定信念。

深山空谷座，遗世而独立，清高不自许，不以无人而不芳，不为窘困而改节。

我身似伞状，菌盖坚硬，无根而生；貌如朵朵祥云，自在舒展。面对肺炎、肺结核病症，我能益肺气、清污浊；遇上失眠、神经衰弱，我能固本培元、宁心安神。

有人嫌我色黑、味苦，却不知良药苦口益于身。我的苦既能内调排毒，也能疏通血管、改善呼吸系统，对止咳平喘有奇效。人人称我是“药中上品”。强身健体、提高抵抗力和抗病力，使身体回归平衡，养正气、固根本，方能廉心永存。

入茶饮是我和大家“打交道”的另一种方式。有人喜欢把我切片慢泡，抑或文火炖煮。入秋后凉风起，来一杯热乎乎的灵芝茶，润燥补水，过一个元气满满的秋天。

供稿：漳平市纪委监委

远志

益智强志

初心如磐

功专心肾，故可镇心止惊，辟邪安梦，壮阳益精，强志助力。

——《本草正》

“小草不妨怀远志，芳兰谁为发幽妍。”别看我外形小巧可爱，就认为我是一株不起眼的小草。其实我向阳而生，心怀治病救人的远大志向。

我的根茎呈圆柱形，略弯曲，表面灰黄色至灰棕色。我气微，味苦、微辛，被历代医家视为“养命要药”，被列为上品。

《神农本草经》记载:“益智慧，耳目聪明，不忘，强志倍力。”我能促进神经细胞再生，帮助你耳聪目明，工作学习都能“入脑入心”。

治咳逆、补不足、除邪气、利九窍，我是祛痰止咳的"法宝"。经常服用能补气虚不足，通利九窍、驱除邪气，让体内新风正气充盈，筑牢"自我净化"的屏障。

我还是保护心脏的"忠诚卫士"，能够"定心气，止惊悸"，通过补脾益气调节心律。

《备急千金要方》中也有我的身影，与石菖蒲、人参、茯苓配合服用，能够“益智安神”，防治失眠、健忘。

除此之外，药王孙思邈还称我为“醒心杖”，不仅因为我能“益智强志”，还希望通过我的名字，时刻警醒人们“不忘初心”，树立高洁志向。

小草在山为远志。我是一棵甘于寂寞的小草，虽然籍籍无名，但我相信，只要初心本色不变，浩气自在人间。

供稿：南平市建阳区纪委监委、建瓯市纪委监委

石菖蒲

宁神益智

淡泊名利

舒心气、畅心神、怡心情、益心志，妙药也。
——《重庆堂随笔》

“一尘不许渭幽雅，百草谁能并洁娟。”这句诗说的就是我。我叫石菖蒲，根茎可入药，味辛、苦，性温。

我是退隐于尘世之外的谦谦君子，从不屑与百花争艳竞秀，带给人的是清凉之感，故与兰花、水仙、菊花并称为“花草四雅”。

我有一颗济世救人的悲悯之心，《神农本草经》这样记载：开心孔，补五脏，通九窍，明耳目，出音声。我不仅能益智豁痰、化湿和胃，也擅治疗秽浊之邪所引起的神志昏乱，对医治耳鸣、化痰平喘也颇有心得。

我的叶片细长如剑，一身正气满腹清芬。我常化身为祛邪除魔的正义卫士，悬于千家万户的门楣窗棂，守护平安与和谐。

我不假日色，不资寸土，“忍苦寒，安淡泊，伍清泉，侣白石”，生野外则生机盎然，居厅堂则飘逸俊秀。我爱的是野水闲塘的自由与清幽，本性就不喜逢迎，从不做那锦上添花事。

我有山林气，无富贵气，有洁净形，无肮脏形。清气出风尘以外，灵机在水石之间，我始终保持着不沾污泥的秉性，不求奢华，安于淡泊，洁身自好，自强不息。

供稿：福州市长乐区纪委监委、国网福州市长乐区供电公司纪委

太子参

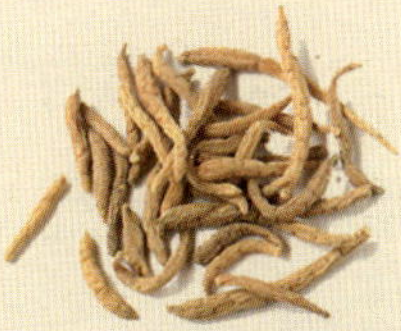

益气补阴

气正身洁

治气虚肺燥，补脾土，消水肿，化痰止渴。
——《本草再新》

我是太子参，益气生津是我的强项，可补脾肺之精气，益气补元则气正，气正固表则身洁。

我虽然比不上小人参，但也有过人之处，药性缓和平稳、不骄不躁。

我小小的身体里，含有人体所必需的氨基酸和微量元素，可以提高免疫力、抵御外邪防外侵，未病先防、既病防变。

作为清补药的我，也叫“孩儿参”，可以防倦怠、愈自汗，欲病救萌、防微杜渐。

我常化身为一杯参香四溢的太子参茶，如茶清心，滤去浮躁，以平静心态对待生活，淡定从容，享受清白人生。

供稿：柘荣县纪委监委

黄芪

利水消肿

正气存内

主妇人子脏风邪气，逐五脏间恶血。补丈夫虚损，五劳羸瘦。

——《名医别录》

我是黄芪，是一味能够赶走邪气、守住正气的中药。我气温补形、味甘补精，能通补三焦元气，全身上下、内外表里之气皆能补益。人人夸赞我是“补气之王”，正气存内，邪不可干。

我是多年生的草本植物。为了吸收更多养分，我的根须深入地下，最长可达两米多。我对扎根土壤、向上生长有着坚定不移的信念，始终保持硬朗而坚忍，在风雨中壮筋骨，在考验中长才干。

我身色黄、高大挺直，极少有分枝，心无旁骛是我的特点。以前，我也被叫作“黄耆”，因为我的生长周期长，历经岁月的磨炼与沉淀，淳心依旧。

面对外强中干、表里不一、体虚自汗，我能敛汗固脱；面对湿气过重、虚胖浮肿，我能利水消肿，促进人体水分恢复平衡。避免虚浮之风，拒绝形式，如外表那样，我不追求华丽光鲜，讲求务实。

我能够补气养血，行滞通痹，托毒排脓。只有时常自警、自省、自净，才能排出内毒，恢复正气。

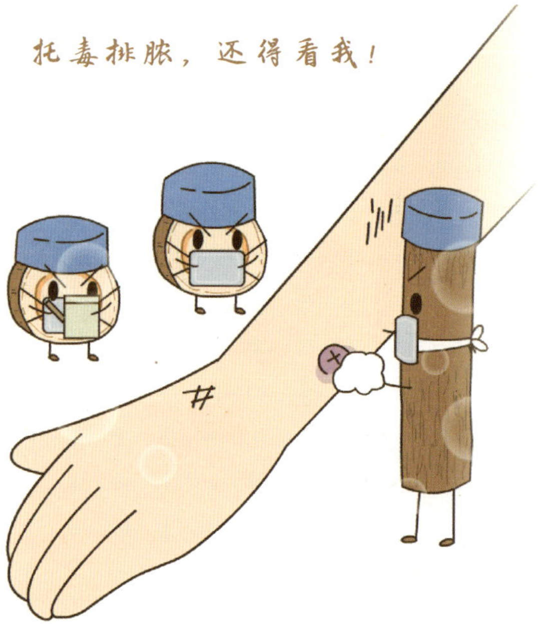

供稿：莆田市纪委监委驻市水利局纪检监察组、福建中医药大学纪委

何首乌

扶正祛邪

去浊扬清

一为峻补先天真阴之药，故其功可立救孤阳亢烈之危；一系调补后天营血之需，以为常服，长养精神，却病调元之饵。

——《本草求真》

我是何首乌，是一味扶正祛邪、补益正气的中药。我是多年生藤本植物，我的不同部位都对人们有所帮助。

我之根，性温和而味甘苦，能够促进人体阴阳调和，提高免疫力，抵御邪气入侵，强身健体。

我之叶，具有耐寒的品质，将叶洗净后用于药浴或捣烂涂抹，能够治疮肿、疥癣等病症，帮助恢复健康的肌体。

我之花，如雪之净白，性清爽而气芳香，能降低胆固醇、降低血糖，保护心脑血管，改善神经衰弱，收“静心”“正气”之功效。

当我是生首乌时，洗净后在阳光下晾晒，蒸发多余水分，这样我就能解毒消痈、润肠通便，排出内毒，恢复机能，让人舒筋通络，涵养正气。制首乌时需要“九蒸九晒”，经历磨炼，精细研磨，祛除杂质，炮制中减毒增效，这样我就能补精益血、强筋健骨，让人固本培元。

供稿：龙岩市新罗区纪委监委

铁皮石斛

生津降火

守护清明

清胃除虚热，生津，已劳损。以之代茶，开胃健脾。定惊疗风，能镇涎痰，解暑，甘芳降气。

——《本草纲目拾遗》

我叫铁皮石斛，是一味益胃生津、滋阴清热的中药。我扎根岩壁，凌风傲骨，坚韧不拔。

我的茎、花、叶都是宝。不论是《神农本草经》，还是《丹溪心法》，历代中医药典籍中多有我的记载。

说我是“救命仙草”“千金草”“九大仙草之首”，可谓当之无愧。我去浊去燥，守护心中清明，一如山风照月，襟怀落落。

药王孙思邈尤爱于我，立我为“养生之本”。《备急千金要方》的首个药方即以我为主药配方，滋润养颜葆青春。

“山骨裁方斛”，苏东坡以我入诗，寄情山水。“东坡最后供，霜雪照人寒。”他以我自喻，体现情操高洁、玉洁冰清的品格；亦以我傲立霜雪、不畏严寒的品质表明斗志昂扬的心迹。

古往今来，风云变幻，我寄身悬崖石缝一任春秋，居深山幽谷沐山风，一朝花开尽怒放。君子慎独常思虑，修身宜看石斛花。质比幽兰香高洁，丹山神草气劲遒。

供稿：龙岩市纪委监委、连城县纪委监委

玉竹

养阴润燥

廉洁如玉

治肺胃燥热，津液枯涸，口渴嗌干等证，而胃火炽盛，燥渴消谷，多食易饥者，尤有捷效。

——《本草正义》

我叫玉竹，又名“葳蕤”，被《本草纲目》称为上品。

我亭亭玉立，像竹箭那样笔直，这是我刚直不阿、弯而不折的品格所在。我头缀白花，像冠缨那样下垂，这是我淡雅从容、如白玉般的品质体现。《本草便读》曾赞我“有金玉威仪之象”。

我喜欢潮湿，但也害怕积水过多，会腐烂。

我喜欢干燥，要揉搓到半透明才能入药。

我甘甜多汁，可以生津止渴，就像清霖那样沁人心脾。

我的性格平润质朴，可以养阴润燥，就跟玉石一样十分润泽。

我还擅长“补水”，是润肤美容“神器”。《神农本草经》记载：“久服去面黑斑，好颜色，润泽”。

我还是美食达人眼中的美味食材。煮汤饮用，能生津益胃；煮粥食用，可增强食欲。

供稿：莆田市纪委监委、莆田市木兰投资集团有限公司纪委

黄精

养精蓄锐

固本培元

宽中益气，使五脏调和，肌肉充盛，骨髓强坚，皆是补阴之功。

——《本经逢原》

我叫黄精，因外形酷似生姜，又名老虎姜、野山姜，是中药里的一味滋补药。

我生于山中，喜林荫土沃之处。李时珍在《本草纲目》中说我尽得坤土之精粹，而土色为黄，因而给我取名"黄精"。

我本领多多，能力不俗。作为滋补“多面手”，我含有人体必需的氨基酸和微量元素以及皂苷类物质，可补气生津润泽肌肤，强健体魄增强免疫力，防老抗衰保持好活力。唐代诗人杜甫赞誉我：“扫除白发黄精在，君看他时冰雪容。”

我补气养阴，健脾润肺益肾，调理上中下三焦，正气存内不惧外邪，强基固本勇于担当。世人因此赋予我“气血双补之王”“肾黄金”等美称。

为了降低燥性，增强药性，我不畏艰难，初心如磐，历经“九蒸九晒”，反复炮制，成为药食两用的“九制黄精”。千锤百炼始成钢，玉汝于成终有时。唐代僧人拾得称赞我：“一入双溪不计春，炼暴黄精几许斤。炉灶石锅频煮沸，土甑久蒸气味珍。”

我药性温和，质润滋补，是日常养生的不二之选，男女老少皆宜，一年四季皆可。不慕猛药去疴一剂见效，愿做涓涓细流润物无声。

供稿：诏安县纪委监委

枸杞

护肝明目

扶正固本

润而滋补，兼能退热，而专于补肾、润肺、生津、益气，为肝肾真阴不足、劳乏内热补益之要药。

——《本草经疏》

我是枸杞，是本草圣果。两千多年前，我的祖先就在华夏安家，药效最早载于《山海经》。明代医药学家李时珍云："枸杞，二树名，此物棘如枸之刺，茎如杞之条，故兼名之。"

我虽然个头小，但用途大，富含多糖，能抗氧化，可提高免疫力，延缓衰老解疲劳，扶正固本，改善体质。《神农本草经》记载：“久服坚筋骨，轻身不老，耐寒暑”。

我润燥暖阳，耐寒消热，明目护肝，改善贫血，主五内之邪热，烦躁干渴全祛除。不惧寒燥外邪侵袭，强体盈魄坦荡一身。《本草纲目》赞誉我“有十全之妙用焉”。

我是膳药翘楚，力主安康，以浑然之力滋养身心。我味如葡萄，干嚼泡水均食补；红润甘美，煲汤泡酒添溢彩。诗人刘禹锡誉我“上品功能甘露味”。

我的根、茎、花、果各有用处，春夏秋冬皆有所成。我无愧于天地，不负于本心，尽心竭力，奉献自我。唐代僧人皎然称赞我“天生灵草生灵地”。

我坚守根本，入户寻常，不比胡杨之高韧，不慕沙枣之弥馨。寒风作歌，自强不息无求索；荒沙为伍，厚德载物不居功。一抹赤色作皮囊，满心赤诚向清明。

供稿：福清市纪委监委、国网福清市供电公司纪委

乌梅

除燥生津

颐神养性

主下气，除热，烦满，安心，止肢体痛，偏枯不仁，死肌，去青黑痣，蚀恶肉。

——《神农本草经》

我叫乌梅，别瞧我个子小，但对身体好，有敛肺、涩肠、生津、安蛔的妙用。丰富的有机酸还能杀死侵入胃肠道中的霉菌等病原菌，提高免疫力，打造"正气之身"。

我来自梅树，梅花自古不畏严寒酷暑、坚韧不拔。

我的气味芬芳，口感酸甜，烦躁时食用，有生津去火之功效。制成的乌梅汁，更是夏日消暑的良品，能够清除“浮躁之火”。

新鲜的我含有丰富的果胶和膳食纤维，被肠壁吸收后，很快能转变为有益人体的物质，能够预防老化，保持年轻态。

我还富含柠檬酸，能促进维生素及酵素的吸收，加快新陈代谢，从而达到缓解疲劳的效果。身体虚弱时，我来加油打气，负面情绪退退退！

除烦渴、杀细菌、防老化、抗疲劳，我的功效丰富。“梅”中自有正气在，保持本心、祛邪扶正、养足精气神，方能奋发有为不懈怠。

供稿：福州市长乐区纪委监委、福建中医药大学纪委

建莲

清心健脾

静心守廉

去心连皮生嚼，最益人，能除烦、止渴、涩精、和血、止梦遗、调寒热。

——《医林纂要》

我是建莲，来自福建。我是中医里的一味良药，专治身体虚弱、气损血亏。

有人嫌弃我的心是苦的，常常把我的心剥离舍弃，殊不知我是“用心良苦”，我的苦心具有养心安神、清火降压的功效。当你忧心事多、心神不宁时，品一杯莲心茶，清心降燥，记廉心，守正道。

我还是大家喜欢的食物，人们爱用我做出可口的甜点，比如清润的莲子粥。当你烦躁倦怠之时，来一碗莲子粥，安心安神、补气增益。

我身着淡黄色外衣，有着坚硬的外壳，外形圆嘟嘟的，十分可爱，但要保住从内而外匀称的身材可真不容易。淡黄色的外衣掩不住我的清白，坚硬的外壳挡不住我的清香，匀净无瑕、至纯至清是我的特质。

自古人们对我褒奖众多，都说莲者有莲心，方能出淤泥而不染；廉者因廉心，故形端而影直。其实我也曾自馁于娇艳的莲花，还有碧绿的莲叶，想像他们那样摇曳生姿、顾盼生辉。但我依然选择坚守初心，自带清凉之气，走出“清新脱俗”的路线。

供稿：莆田市荔城区纪委监委、福建中医药大学纪委

后 记

中医药文化博大精深、源远流长。2023年以来，福建省纪委监委联合福建中医药大学，在“福建纪检监察”微信公众号推出“本草‘廉’心”专栏，有机融合中医药“扶正祛邪”的理念与“正本清源、固本培元”的廉洁文化内涵，运用第一人称的视角，结合漫画形式，深入浅出地介绍药材药性中蕴含的廉韵廉理，形成具有传统韵味和新时代气息的廉洁文化作品。

为了惠及更多读者，我们将专栏文章结集，汇编成书。本书的汇编离不开全省各级纪检监察机关的倾力支持，离不开福建中医药领域诸多专家学者的专业意见，让本书兼具知识性、趣味性和科普性。在此，谨向所有为本书付出心血的各位领导、专家和同志们表示衷心的感谢！

诚然，廉能润心，药能治病。药材虽好，也有禁忌，服用请遵医嘱。

编　者

2024年7月